FERNANDO SALAZAR CRÓQUER

I0182584

AFECCIÓN VERDADERA

Diagramación del Libro y Diseño de Portada
Fernando Salazar Cróquer

"Afección Verdadera"

Deposito Legal: LF04120138002840
ISBN-10: 980-1268042
ISBN-13: 978-9801268048

EL AUTOR

Facebook
https://www.facebook.com/FernandoSalazarCroquerOficial

Twitter
https://twitter.com/Kranimexinc

Web
http://fernando-salazarcroquer.weebly.com/

Índice

1) Solo Hacia Ti 1

2) Te Lo Dije 5

3) El Vuelo De La Mariposa 9

4) Nuevo Mundo 12

5) No Te He Olvidado 15

6) Si No Vuelves 18

7) He Ganado Y He Perdido 21

8) Paz Mundial 25

9) Quiero Desaparecer 28

10) Sonreír Es Mejor 33

11) ¡...Tengo Que Continuar...! 37

12) Mi Gran Sueño 40

13) Amor Platónico 43

14) Serenidad De Felicidad 47

15) Melancolía, Amor Y Pena 50

16) Brilla 54

17) El Brillo De La Luna 58

18) La Lluvia Cae 61

19) Culpa De Tristeza 64

20) Amor Inesperado 67

21) No Pierdas El Control 70

22) Incierto 73

23) ¡...No Volveré A Enamorarme...! 76

I
Solo Hacia Ti

Ah...Cuando te veo
Veo un sueño,
Un sueño de deseo,
Un deseo que quiero

Y lo que quiero,
Es lo que más espero,
Porque este sentimiento,
En mi corazón lo estoy sintiendo;

Lo estoy sintiendo solo hacia ti,
Porque pienso todo el día en ti
Solo hacia ti,
Porque te quiero solo a ti

No puedo evitarlo,
Me gustas demasiado,
Me estoy enamorando,
Pero tú me estas ignorando,

Me estas ignorando,
Y eso me está lastimando,
Pero aún así me sigues gustando;

Porque este amor lo estoy sintiendo solo hacia ti,
Porque pienso todo el día en ti;
Y no puedo vivir sin ti,

Quisiera que me dieras una oportunidad
Porque yo te daré toda mi felicidad
Ya que este amor es solo hacia ti,
Porque te quiero solo a ti

Y a nadie más, porque solo hacia ti
Daré mi vida por ti,
Y siempre estaré allí

Apoyándote,
Amándote,
Y abrazándote

Y sintiendo tu fragancia
Que me llena de esperanza
Y de mucha confianza,
Porque solo hacia ti
Me vuelvo loco por ti,
Ya que no puedo dejar de pensar en ti,

Ya que al ver tu rostro
Tan puro de felicidad,
Llenas en mí, un bello cielo
De eterna seguridad

Así que no me ignores,
Porque este amor es solo hacia ti;
Y no me lastimes,
Porque esto que siento es por ti;

Venme a los ojos de frente
Ya que esto que te digo
Te lo voy a decir al verte
En la cara que me hechizó;

Y me cambió
De una triste decepción,
Que se borró
Cuando por ti sentí esta pasión

Así que solo hacia ti
Este amor que siento es solo por ti,
Y solo te lo voy a entregar a ti,
Ya que te quiero solo a ti

Y por favor no me ignores más,
Porque si te vas,
Mi miedo será no verte jamás...

Ya que me sentiré en la soledad
De la eterna oscuridad,
Así que rómpeme de esa maldad
Llena de tenebrosidad;

Ya que te quiero solo a ti,
Porque me vuelvo loco por ti...

II
Te Lo Dije

Huh...Ahora que te veo
Te seré sincero,
Quiero expresarte
Lo que siento por el deseo de amarte,

Por el deseo de amarte,
Nunca voy a olvidarte,
Ni a dejarte

Porque quiero decirte: ¡Te Amo!
Como un gran tornado,
Que no está asustado,
Ni apenado;

Sino profundamente enamorado
Y muy apasionado,
Déjame abrazarte,
Y déjame mirarte

Ya que este sentimiento
Lleno de florecimiento
Te lo dije con mucha sinceridad,
Y mucha amistad

Ya que cuando te veo
Siento un deseo,
Un deseo de hablarte
Y platicarte

Estas afecciones,
Llenas de pasiones,
Estos sentimientos de halagarte,
Y animarte,

Porque como puedes ver te lo dije
Te dije
Que te quiero,
Que te quiero como un torpedo,

Así que no me lastimes,
Y no me hieras,
Porque tú eres la única
Chica más bella autentica

Que he visto,
Y he conocido,
Y lo que te digo no es mentira,
Y si lo crees así, para mí es una pesadilla,

Una pesadilla
De mucha melancolía,
Ya que no me comprendes
Los cosas que te dije anteriormente.

Así que dame un chance,
Que haga que te alcance,
Y que esté yo a tu lado,
Más que un amigo

Porque tú dulzura,
Le das a mi corazón ternura,
Ya que tú presencia es pura

Así que lo que te dije,
Te lo digo aquí mismo,
Te digo te amo,
Y no es mentira lo que te dije...

Y si quieres saber la verdad,
La verdad es quiero estar contigo
Así que pregúntame,
Porque yo digo que quiero que estés conmigo,
Y envuélveme
Con tu tierna felicidad...!

Te lo dije,
Te dije toda la verdad,
La verdad que tenía,
Que tenía en mi interior con mucha felicidad;

Con mucha felicidad,
Porque siento una gran libertad

¡...Dentro de mí...porque te lo dije...!

III
El Vuelo De La Mariposa

Dicen que el vuelo de la mariposa
Atrae muchas cosas desastrosas,
Dicen que su vuelo
Es un esplendoroso destello

Que comienza,
A expandirse,
Porque empieza
A dividirse,

Pero en realidad,
Es un mal deseo
De negatividad
Que preveo,

Porque quiero
Mucha felicidad,
A mi país, ya que deseo
Que haya mucha bondad,

Porque como dicen
Que el vuelo de la mariposa
Hace que la vida sea desastrosa
Quiero que indiquen

Que lo único desastroso
Es la mentalidad negativa,
Y destructiva,
Y que para mí es deshonroso

Porque lo que quiero es una tierra
Llena de belleza,
No, de impureza,
Ni de violencia.

Así que el vuelo de la mariposa
Es una maldición de la vida,
De la vida miserable,
Y desechable

Del mal ser humano,
Porque los malvados,
No dan la mano
Para salvarlos
Sino para condenarlos
Y pisotearlos,
Así que si piensan que el vuelo de la mariposa
Hace que la vida sea desastrosa

Se equivocan,
Porque los malvados lo provocan,
Con sus crímenes,
Y violaciones.

Lo único que quiero
Es un planeta lleno
De esperanza de deseo,
Y de un gran camino bello

No de corrupción,
Destrucción,
De desastres,
Y de catástrofes;

Sino de esplendor,
Y cálido humor,

Así que el vuelo de la mariposa
Es el mal deseo
Que pone la vida deshonrosa,
Del que yo preveo

Al decir no a la negatividad,
No a la oscuridad,
Y no a la infelicidad...

IV
Nuevo Mundo

Siempre que veo
Gente en la calle en desespero,
Pobre y abandonada,
Que está desamparada

Por la oscura soledad,
Llena de infelicidad,
Internamente me pregunto,
Y me digo a mi mismo

¿Por qué toda esa gente tiene que sufrir?
¿Por qué toda esa gente tiene que morir?
¿Por qué de esa miseria no pueden salir?

Es realmente cruel,
Es realmente desleal
Deseo ayudarla,
Deseo rescatarla

Yo lo único que deseo
Y espero
¡Es crear un nuevo mundo...!

Un mundo en que todos seamos felices,
Un mundo en que seamos verdaderamente libres,
En el que vivamos con gran felicidad
Por toda la amada eternidad...

Así que igualmente
¡Me pregunto internamente...!

¿Dónde está la luz para ellos?
Son humanos de carne y hueso como yo también
Oh señor ten piedad y misericordia de ellos
Si cada uno de ellos cree lo que puede lograr todo le va salir bien

Pero mi alma aún se ve lastimada
Y entristecida,
¡Ante la vida!
¡Al querer
Solo una cosa saber...!

¿Por qué toda esa gente tiene que en este mundo agonizar?
¿Por qué los demás como yo la tienen que menospreciar?
Solo teniendo un poco de compasión las podemos ayudar
Y hasta los más necesitados podemos salvar

Es realmente brutal,
Realmente infiel,
Querer a toda esta gente en esta oscuridad
Y ni prestarle ningún significante gesto de caridad

Yo lo único que aspiro
Y en mi mente digo
¡Es crear para ellos un nuevo mundo...!

V
No Te He Olvidado

Mi bella, Aún estoy pensando
En ti, aún quiero tu cálido,
Amor, yo no te he olvidado,
No he olvidado que quiero estar a tu lado,

Al lado de tu corazón
Que me da infinita pasión,
Porque eres mi bella niña,
Que con sus ojos me guiña;

Con una enérgica sonrisa
Que me inspira,
Esta rebosada poesía,

Esta poesía que te digo
Que yo no te he olvidado,
Porque aún sigo enamorado,
¡...Y eso significa que te amo...!

¡Te amo con todo!
¡Con todas mi fuerzas¡
Que se llenan con tus incalculables bellezas...
Porque en el fondo de mi corazón te quiero...

Te quiero tanto,
Que deseo
Que seas muy radiante,
Y muy relampagueante.

Porque, aunque tú me temas,
Trataré de que tú a mi lado vengas,
Y te diga en frente de mí,
Te quiero solo a ti;

Y a nadie más,
Porque nunca jamás,
Te abandonaré,
Y te lastimaré,

No te lastimaré con una falsa verdad,
Llena de intensa oscuridad,
Porque en realidad,
Yo te quiero de verdad...

Así que si yo no te llamo,
No significa que no te quiero,
Ni que yo no te amo;

¡...Sino que yo no te he olvidado...!
No te he olvidado,
Porque profundamente ¡...Te...Amo...!

VI
Si No Vuelves

Llamé a una amiga,
Una amiga de dicha,
Y me dijo
Algo muy frío,

Muy frío,
Tan frío que mi corazón se congela,
Se congela con sombrío,
Con sombrío, porque se me apagó la vela,

La vela de tu amor,
Porque tú mi amor,
Te vas,
Y no te veré jamás

Aunque nunca lo supiste,
Te digo esto, porque lo leíste,
Te digo que si no vuelves,
Me sentiré como si algún día nunca regreses,

Nunca regresarás,
Y lo que estás leyendo,
En este momento,
Es lo que tú me harás...

Si no vuelves,
Diré que quiero que regreses,
Si no vuelves,
Te hablaré diciendo: ¡No me dejes!

No me dejes solo,
Tú me hiciste sentir un bello sentimiento,
No me dejes solo
Tú me hiciste sentir un nuevo renacimiento,
Un renacimiento que curó,
Y destruyó
Mis heridas,
Heridas que sin ti, nunca se curarían,

Así que estás leyendo,
Algo de que hoy y mañana me va dañando,
Dañando el corazón, y de que no me estoy rindiendo

Porque lo que estás leyendo,
Es de lo que quiero decirte,
Y lo he dicho siempre en mi mente,
Yo, yo, te, te... ¡...Amo...!

Y si en verdad te vas,
Y no me vas ver jamás,
Porque te interesa otras cosas,
Entonces tú me destrozas,

Me destrozas el alma,
El alma llena de calma,
Por tu risa,
Y por tu incalculable sonrisa
Llena de energía...

Así que si no vuelves,
Diré que quiero que regreses,
Si no vuelves,
Te hablaré diciendo: ¡No me dejes!

¡...No me dejes...Solo...!
¡...Yo...Te...Quiero...!
¡...Te quiero con todo...!

Entonces si de verdad
Te vas,
Y no te veré jamás,
De verdad

Quiero decirte algo
Muy importante,
Tan brillante,
Es que en el fondo ¡...Yo...Te...Amo...¡

VII
He Ganado Y He Perdido

Hoy te vuelvo
A ver en el espejo,
Diciéndome hasta luego,
Porque atrás no hay regreso

No hay regreso,
En el final,
Tan Terminal,
De desespero,

Por eso hoy he ganado
Una batalla,
Y he perdido
Una bella amiga,

Una amiga,
De quien me enamoré,
Y me sonrojé,
Porque la siento en mi alma divina,

Tan divina,
Y tan vívida,
Adentro de mí,
Porque tú para mí

Eres la más sincera,
Y la más bella
Persona con quien compartí,
Y me reí,

Me reí por tu expresión,
Llena de decisión,

Por eso yo he ganado
Con mi pasión,
Pero he perdido
A mi único corazón,

Corazón de estrella,
Que centellea belleza,
A mí alrededor,
Dándome calor

El calor de estar contigo,
Porque siento que te has ido,
Y yo me he dividido,
Dividido de no estar contigo

Para decirte dos palabras,
Que escuché de un cuento de hadas,
Y que vuelan de mi boca como el viento,
Soplando más y más al decir ¡...Te amo...!

Por eso hoy he ganado
Una batalla,
Y he perdido
Una bella amiga,

Una bella amiga,
Que se va,
Se irá

Y me sentiré,
Como esta travesía comencé,
Comenzándola solo,
Solo como un tonto,

Un tonto que no sabe si algún día
Escuchará la bella melodía,
La preciosa sinfonía
En la que no sentiré melancolía,

Por eso hoy he triunfado
En una batalla,
Y he perdido
Una bella amiga,

Una bella,
Bella, bella amiga,
Que se marchará,
Y no regresará,

¡...Pero tendré la oportunidad,
De decirle mi felicidad,
Mi felicidad llena de libertad
Libertad llena de seguridad...!

De decirle ¡...Te amo con todas
Mis profundas fuerzas...!

VIII
Paz Mundial

Oh te pido,
Te pido Dios
Que escuches mi voz,
Y escuches lo que digo

Lo que digo es que
Me
Des energías
En los próximos días

Para desear,
Desear que no haya más muertes,
Que no haya más mal vivientes,
Que deben llorar

Llorar por la muerte,
De su familia,
Que son víctimas de la guerra viviente,
Llena de una cruel injusticia,

¡...Oh te pido,
La paz mundial
Oh Dios, Te pido,
Un mundo ideal...!

¡...Por favor escúchame,
Y lléname
De tu influencia,
Que me da la fuerza...!

¡...La fuerza de decidir,
Y de vivir,
De vivir por la paz mundial,
Y de renacer en un mundo ideal…!

Así que dame fuerzas,
Para que la gente sepa,
Sepa la inútil y cruel guerra,
De esas malas influencias;

Una mala Influencia
De que culpan a mi patria,
A mi país inocente,
Que siempre ha sido honestamente
Pero aun así sigue la guerra,
Que centellea
Más violencia,
Llena de delincuencia;

¡...Así que por favor escúchame,
Y lléname
De tu influencia,
Que me da la fuerza...!

¡...La fuerza de decidir,
Y de vivir,
De vivir por la paz mundial,
Y de renacer en un mundo ideal…!

Ellos Lloran por la muerte,
De su familia,
Porque son víctimas de la guerra viviente,
Llena de una maldita injusticia,

¡...Así que por favor escúchame,
Y lléname
De tu influencia,
Que me da la fuerza...!

¡...La fuerza de decidir,
Y de vivir,
De vivir por la paz mundial,
Y de renacer en un mundo ideal…!

¡...De vivir por la paz mundial,
Y de renacer en un mundo ideal…!

¡...Ah...!
De renacer en un mundo ideal…!

IX
Quiero Desaparecer

Vaya Dios,
Siento que no escucho tu voz,
Siento todo vacío,
Y muy sombrío;

Cuando hice todo mi esfuerzo,
Me sentí muy inepto,
Ya que decepcioné,
Y desilusioné

A casi todos mis amigos;
Mis malignos enemigos,
Se burlaron;
Y me ridiculizaron;

Quiero desaparecer,
Para así no tener
Que soportar esta perversa inseguridad,
En la que siento oscuridad,

Quiero desaparecer,
Para así no poderme sorprender,
De las cosas que dirán los demás;
Atrás

De mí,
Que si fuera así,
Desearía morirme,
Y extinguirme,

Hasta que no quede nada de mí,
Porque atrás de mí,
Siempre hay gente maligna,
Que hace mi vida como una ceniza;

Ahora me pregunto: ¿Qué pensarán mis amigos?
Siento que mis anhelados amigos,
No me apoyaron,
Y no me estimaron;

Y lo peor de todo,
Es lo que me pregunto
Ahora ¿Qué pensará la chica que quiero de mí?
¿Será que me tengo que ir de aquí?

Quiero desaparecer,
Para así no tener
Que soportar esta maligna humillación
Llena de hostigación.

Pienso que debería no volver,
No volver a ver
El fracaso de mi corazón,
Que parece un flechazo de pura hostigación,

¿Por qué? ¿Por qué me siento tan inepto?
¿Por qué me pregunto esto?
Me pregunto ¿Acaso ella me dirá
Algo que me destruirá?

¿...Algo que me destruirá,
Y que me destruirá...?
Ay Dios mío,
Quisiera ahogarme en un río;

Quisiera desaparecer,
Para así no tener,
No tener más este sufrimiento,
Lleno de un triste llanto y lamento;

Este nuevo renacimiento
Que pienso que comenzará,
Siento que me vislumbrará,
Hacia un bello sentimiento;

Un bello afecto,
Pero a la vez de un profundo descontento,
Descontento de hostigación,
Lleno de una rara traición,

Que me llegó a preguntarme
¿Por qué debo atormentarme?
¿Por qué tengo que alejarme?
¿Por qué debo retirarme?

¿Es que acaso no hay otro camino?
Otro rumbo unido;
¿Por qué tengo que sufrir así?
¿Es que ya no hay nada importante en la vida para mí?

Si es así,
Entonces para mí,
Ya no queda, sino el sentimiento
De un triste lamento,

El deseo de querer desaparecer,
Para nunca tener
Que volver
A ver

Esta oscuridad,
Que siento mi alma llena de negatividad,
De mucha incontrolable inseguridad,
Y de eterna permeabilidad...

Por eso quiero desaparecer,
Y a mi vida nunca volver,
Me quiero desvanecer,
Para así nunca tener

Que regresar a esas oscuras,
Penas puras
De humillaciones,
Y decepciones...

No quiero desaparecer,
Quiero...volver,
Para poder estar con ella,
Y decirle ante sus ojos lo mucho que es bella...

Y hacerle saber a esos malignos,
Con muchos gritos,
Que nunca me daré por vencido,
Y no me haré el destruido...

X
Sonreír Es Mejor

Me la pasaba ayer amargado,
Me sentía desgraciado,
Angustiado,
Y muy espantado,

Decidí desaparecer,
Pero creo que fue una mala idea,
Ahora sé que la gente que me rodea,
Los cuales son mis padres, no me quieren desvanecer,

Porque lo que siento,
Lo pienso,
Pienso que sonreír es mejor,
Es mejor porque le da a tu corazón calor;

Mucho calor,
Y mucho humor,
Que no desaparece,
Porque no se desvanece;

No se desvanece,
Porque te hace olvidar,
Y no te hace molestar,
Ya que creces,

Así que es mejor,
Sonreír es mejor,
Porque te da mucho humor
A tu corazón, del cual sientes calor,

Y ese calor,
Es el fervor
Para levantar los ánimos,
Lleno de oscuros desánimos.

Así que sonríe,
Y vive,
Porque sonriendo ves el mañana
En el que andarás pasado mañana...

Ahora sé que no debo rendirme,
Y dividirme,
Porque si no debo irme,
Entonces debo decidirme,
Sonreír
Al futuro
Que ya no es oscuro,
Porque el reír

Me hace sentir feliz,
Tan feliz que no quiero irme de aquí,
Porque aquí es donde no me daré por vencido,
Porque nunca me he rendido;

Así que sonreír es mejor,
Te da calor
A tu corazón,
Y te lo llena de más pasión...

Así que sonríe,
Sonríe y no mires atrás,
Porque atrás,
El pasado que recordarás,

Te destruirá,
Y te desesperará,
Por eso sonreír es mejor

Sonríe con toda tu fuerza,
Te llenará de pureza
Y de mucha riqueza;

Así que sonríe
Sonríe porque tu futuro
No es oscuro,
Porque no se divide...

No se dividirá,
Porque no te rendirás
Nunca jamás

Hacia el nuevo mundo,
Que tendrá un gran rumbo,
Hacia el fantástico futuro...

XI
¡...Tengo Que Continuar...!

¡...Tengo que continuar...!
Continuar por el sendero
Hacia un gran deseo,
Deseo en el que necesito actuar...!

No debo abandonar,
Ni derramar
Más lágrimas
Nunca jamás;

Porque tengo que continuar,
Y no tengo que renunciar
A mi ideal
Tan majestuosamente radial...

Porque soy perseverante,
Y muy radiante,
Tanto que debo valorizarme
Y entusiasmarme.

Así que debo continuar
Estas son numerosas pruebas,
Que si no le prestas atención te quedas
Atrás, porque la debes pasar

Con muchos ánimos,
Y no desánimos,
Así que ¡...Tengo que continuar...!
Y no abandonar...

Abandonar todo lo que hecho,
Porque quedaría como desecho,
Y no me gustaría dejarlo así,
Porque eso no es común en mí...

¡...Tengo que continuar...!
Porque mi deseo es triunfar
Y nunca abandonar

Mis grandes retos,
Que son incansables esfuerzos...

Así que ¡...Tengo que continuar...!
Porque mi deseo es triunfar...

No se dividirá,
Porque no te rendirás
Nunca jamás

Hacia el nuevo mundo,
Que tendrá un gran rumbo,
Hacia el fantástico futuro...

XII

Mi Gran Sueño

¡...Oh...!
Tengo un sueño,
Un gran sueño
Que quiero hacer realidad
Con mucha felicidad,

Mi gran sueño
Es ser el mejor,
Y nunca un perdedor,
Ese es mi deseo;

Mi deseo de vida,
Mi deseo que brilla,
Y que algún día se expandirá
Y se abrirá

Hacia mis metas
Que estarán cubiertas
Por ese deseo
Que es mi gran sueño,

Seré el número uno,
Y no el último,
Seré el mejor,
Y no un perdedor;

Crearé mi mundo,
Caminaré por mi rumbo
Así que emprenderé,
Y comenzaré

Un gran viaje
En el que se cumplirá mi gran sueño
Que siempre lo he tenido como mi deseo,
De un oleaje

De posibilidades,
Sin infelicidades,
Y sin oscuridades

Así que seré el número uno,
Y no el último,
Crearé mi propio mundo
En el que se cumplirá ¡Mi Gran Sueño!

XIII
Amor Platónico

Oh...Hoh...
Quiero pensar,
En mi chica ideal,
Quiero repasar,
Tu risa especial,

Mi alma se entristece,
Porque tú en mi mente
Te desvaneces,
Y desapareces...

Esto lo que siento es un amor platónico,
Tan olvidado,
Y tan soñado,
Que se va como un rayo sónico

Tan sónico,
Y melódico,
Que ya no sé qué decir,
Y que indicar...

Parezco desesperado
Porque tú no vienes,
Pero estoy asustado,
Por pensar que no nunca vendrás...!

Tanto esperar,
Que solo escucho el silencio
Del lamento,
Por pensar

Que eres un amor platónico,
Un amor que es un sueño,
Y que es mi más grande anhelo,
Mi anhelo sinfónico

Tan sinfónico
Que es filarmónico,

Eres mi amor platónico,
Porque serás para mi mente algo melódico,
Que siempre escucharé,
Y expresaré

Mi gran amor
Con fuerza,
Lleno de decencia,
Porque ese es mi fervor...

Eres mi único deseo,
En este momento,
Me siento tan solitario,
Y olvidado,

Me siento desesperado,
Por encontrarte,
Y me siento aún empeñado
Por ir a buscarte,

Pero pareces que tú eres un amor platónico,
Porque no escucho lo melódico,
Y lo filarmónico,

De tu voz tan especial,
De la voz de mi chica ideal,
Porque estas melancolías
Derramarán lágrimas a mis ojos de los mismos días;

Al saber que tú eres mi amor platónico,
Tan ideal,
Y celestial,
Que no sé si será sinfónico...

No sé,
No puedo saber,
Cuando te encontraré,
Y cuando me enamoraré

¡...De ti...!
Ah... ¿...Porque...?
¿Por qué no puedo encontrarte?
¿Por qué cuando te encuentro debo callarme?
¡...Para no expresarte
Lo que siento...!
¿Por qué eres un amor ideal?
¿¡...Acaso...nunca serás real...!?

XIV
Serenidad De Felicidad

Buscando
Y no encontrando,
Es estar desesperado,
Y no calmado,

Debes calmarte,
Para poder alegrarte,
Y entusiasmarte,

El alegrarte
Te satisface
Bastante;

Porque teniendo serenidad,
Se tiene la felicidad,
De buscar y buscar,
Y algún día encontrar,

Siempre hay que intentar,
Y nunca abandonar
Tus deseos,
Lleno de inalcanzables anhelos,

Así que teniendo serenidad,
Se tiene felicidad,
Mucha prosperidad,
Y eterna seguridad,

De que las cosas estarán mejores,
Y nunca peores,
Así que piensa alegremente en tu futuro,
¡...Que nunca será oscuro...!

Porque la serenidad,
Y la felicidad,
Es la futura
Y pura

Prosperidad
Y eterna tranquilidad
Para tu ser,
¡...Que esto debe saber...!

XV
Melancolía, Amor Y Pena

Siento melancolía,
Cuando te vas,
Siento tristeza,
Porque conmigo no estás...

Me siento solo,
Tan enamorado,
Porque cuando te voy a decir algo,
Me quedo quieto,

Quieto y callado,
Callado y mudo,
Por la pena
Que me condena

A no decirte,
Mis verdaderos sentimientos
Y a no expresarte,
Mis estremecimientos,

Que le hacen sentir a mi corazón
Un fuerte latido,
Que en mi interior permanecía escondido
La bella pasión,

De tu mirada,
Tan exaltada,
Y tan magnificada...

Quiero decirte que te quiero,
Te aspiro,
Te sueño,
Y te amo,

Te amo tanto,
Que me quedo sin palabras,
Te quiero tanto,
Que estas letras

Te las expreso,
Y te las digo:
Me gustas mucho,
Porque este sentimiento está oculto...
Oculto que te lo manifiesto...
Te lo manifiesto,
Te manifiesto esta confesión,
Esta afección

Llena de amor,
Por tu lindo calor
Que al mirarte me siento lleno,
Pero al marcharte me siento vacío,

Vacío por no decirte esta verdad;
Y melancólico por no expresarte mi sinceridad,
Mi sinceridad real,
Que es mi ideal...

Pero esta pena
Que me condena,
Y a mi mente se le manifiesta;

Me llena de confusión
Y de mucha desilusión
Por no saber que siente
Tu corazón, porque al verte

Me quedo callado,
Callado y asustado,
Porque el corazón me late,
Y se rehace,

Se rehace por tu presencia
De mucha belleza,
Y tu incalculable pureza...

Así que quiero decirte que te quiero,
Te aspiro,
Te sueño,
Y te amo,

Con toda mi honestidad,
Mi sinceridad,
Naturalidad,
Y espontaneidad...

XVI
Brilla

No sé ¿...Por qué
La gente es mala...?
Yo solo estaba
Pensando en mi mente

Inconscientemente
Que debo ser yo mismo
Y no tener egoísmo
Profundamente

Con los demás
Porque detrás
De mí, estaba confundido
Y muy aturdido

De no volver a intentar
Mi gran posibilidad
Y no lograr
Esta bella eventualidad

De la que es... ¡Brillar!
¡...Brilla...!
¡...Brilla más...!

Porque esto no se acaba
Hasta que se acaba,
Si veo oportunidad
Me acerco para una posibilidad

Y esa es... ¡...Brillar...!
Brillar como nunca
Para así no tener duda;
Así que brilla

¡...Brilla...!
Brilla, porque esa gente es muy egoísta
¡...Brilla...!
Porque esa gente es negativista

La que quiere destruirte,
La que quiere dividirte,
Y la que quiere siempre fragmentarte

Así que brilla,
Porque tú expectativa
Es tu perspectiva
De quien brilla

Y vas a ir muy lejos,
Sin tormentos,
Ni sacrificios

Así que ¡...Brilla...!
Brilla, porque esa gente es muy pesimista
¡...Brilla...!
Porque esa gente te ve como un egoísta

Ya que dicen esas cosas
Porque no piensan en lo demás,
Sino en ellos mismos,
Y por eso nunca llegan lejos...

Así que nunca te rindas,
Porque los pesimistas
Nunca te demostrarán sonrisas.

Así que ¡...Brilla...!
Brilla, porque esa gente es muy egoísta
¡...Brilla...!
Porque esa gente es negativista...

¡...Brilla...!
Brilla, porque esa gente es muy pesimista
¡...Brilla...!
Porque esa gente te ve como un egoísta...

Brilla, porque te están quemando
Por detrás,
Y aparte te están destrozando
Lo que tú estás
Amando,
Y queriendo
Es el tener esperanza
Y mucha confianza...

¡...Brilla...!
Brilla, porque esa gente se le conoce como gente perdedora
¡...Brilla...!
Porque esa gente nunca será triunfadora...

XVII
El Brillo De La Luna

Ah...El brillo de la luna
Lo siento en la oscuridad
Con tu perfume de soledad;

Ese rocío de serenidad
Pasa por mi piel helada
Con mucha sensibilidad
Haciéndola más cálida

Con tu aroma
Y fragancia
Sintiéndola más cerca
Y muy cubierta...

Ese brillo de la luna
Me estimula
Me esparce
Y me deshace

A la oscuridad
De tú recóndita verdad,
Porque yo camino y camino
Que no sé cuál es mi destino.

Camino por la oscuridad,
Pero esta eternidad
Tiene que terminar
Y acabar

Porque al sentir tu fresca fragancia,
Puedo sentir mi ansia
De sobrevivir,
Y resistir

Toda esa oscuridad
Que tiene soledad

Ah...El brillo de la luna... (Pasa por mi piel)
Lo siento en la oscuridad
Con tu perfume de soledad
Que tiene mucha serenidad... (Llena de dulce miel...)

XVIII
La Lluvia Cae

Ah...las memorias
Los recuerdos
Pasan por mi mente
Una y otra vez de repente

Cuando la lluvia cae
Al suelo,
Y el cielo se extrae
Desde él, puedo

Volar
Y recordar
Las malas experiencias
Y las buenas creencias

De mi ser,
Que pueden llover
Y acontecer

Nostalgias
En los días;
Y recuerdos
Resueltos.

Cuando la lluvia
El cielo se extrae;
Cuando llueve
Siento que mi corazón se duerme

Para soñar
Y dejar de odiar
A los que me engañaron
Y me atormentaron

Por eso, la lluvia que cae
Me hacía olvidar
Y soñar
Que el mundo no se atrae

A la destrucción
A la contaminación,
A la marginalización,
Sino a la compresión...

Así que cuando la lluvia cae
Los resentimientos de mi corazón se deshacen;
Y mis sentimientos renacen
Y se expanden

Porque el cielo se extrae
Y desde el puedo volar,
Hasta que cae la lluvia cae
Y es donde quiero recordar...

Que la lluvia cae
Y el cielo se extrae...!

XIX
Culpa De Tristeza

Ah...llegué tarde
Llegué muy tarde
Muy tarde de verte;
Muy tarde de salvarte

Te vi morir,
Diciendo tus últimas
Y finales palabras;
Te dije ve a dormir

Porque te irás a vivir
Al lejano cielo
Tan profundamente bello,
Y ahora me pregunto a donde ir;

Si debo vivir
Para seguir mi vida
Prefiero morir
Para que nadie más siga
En este mundo sufriendo;
Y estar en esta agonía muriendo

Y ahora qué; esta soledad
Nunca desaparecerá
Esta infelicidad
De mi corazón no se desvanecerá...

Llegué tarde
Para evitar este desastre
Llegué muy tarde
Para evitar esto cuanto antes

Y ahora qué; me siento tan culpable,
Tan desechable
Que te vi morir
Y no puedo hacer nada para remediar
Este culpable sufrimiento,
¡Que tú tenías adentro!

Ahora qué me siento tan culpable de verte morir,
De verte decir tus últimas
Y finales palabras,
Lo único que pude en tu rostro decir
Era que vas eternamente vivir

En el más profundo
Y bello cielo...

XX
Amor Inesperado

Estoy aquí
En el bosque
Pensando en ti;
Porque al verte

En el río,
Siento que me río;
Y con un suspiro, me alivio

Me alivio, porque a mi lado estás;
Y nunca te irás,
Siento que respiro,
Y con más fuerza te digo

Que en mi corazón hay algo dulce
Como lo que te puse
Aquel día en que hablábamos
Y conversábamos

¡Eso fue...! Amor inesperado
¡Del cual...! Me siento emocionado
Porque ese día caíste en mis brazos
Que te abrasé con mis lazos

Los cuales estaban motivados
Por apretarte fuerte
Ya que mis ojos al verte
Quedaron hechizados...

Me sentí feliz recibiéndote,
Pero esa falsa felicidad se desvaneció
Y se borró;
Ya que todo esto fue deshaciéndose

Por mi miedo de hablarte;
Me dije a mí mismo que no quería verte
Jamás; porque yo no te importé
Ni mucho menos toqué

Tu tierno corazón tan frágil,
Y tan ágil.
Es que me asusto el solo pensarlo
En pensar que dirás que no

Quieres estar conmigo,
Porque me quieres como un amigo
Entonces… ¿¡Por qué!?
¿Por qué no soy sincero?

Siento que todos esos días de felicidad
Se perdieron;
Y se deshicieron
Por mi falta de amistad…

Ahora… ¡te recuerdo tanto que eso fue amor inesperado!
¡Del cual…! Me siento emocionado
Porque ese día caíste en mis brazos
Que te abrasé con mis lazos

Y estuvimos hablando a la orilla
Del precioso río que brilla
En la oscuridad,
Y que me llena de felicidad

Al recordar todos esos recuerdos;
Recuerdos de bellos deseos,
Pero todo esto se marchitó
Y se pudrió

En el bosque,
Donde te encontré
Y con valor te hablé…

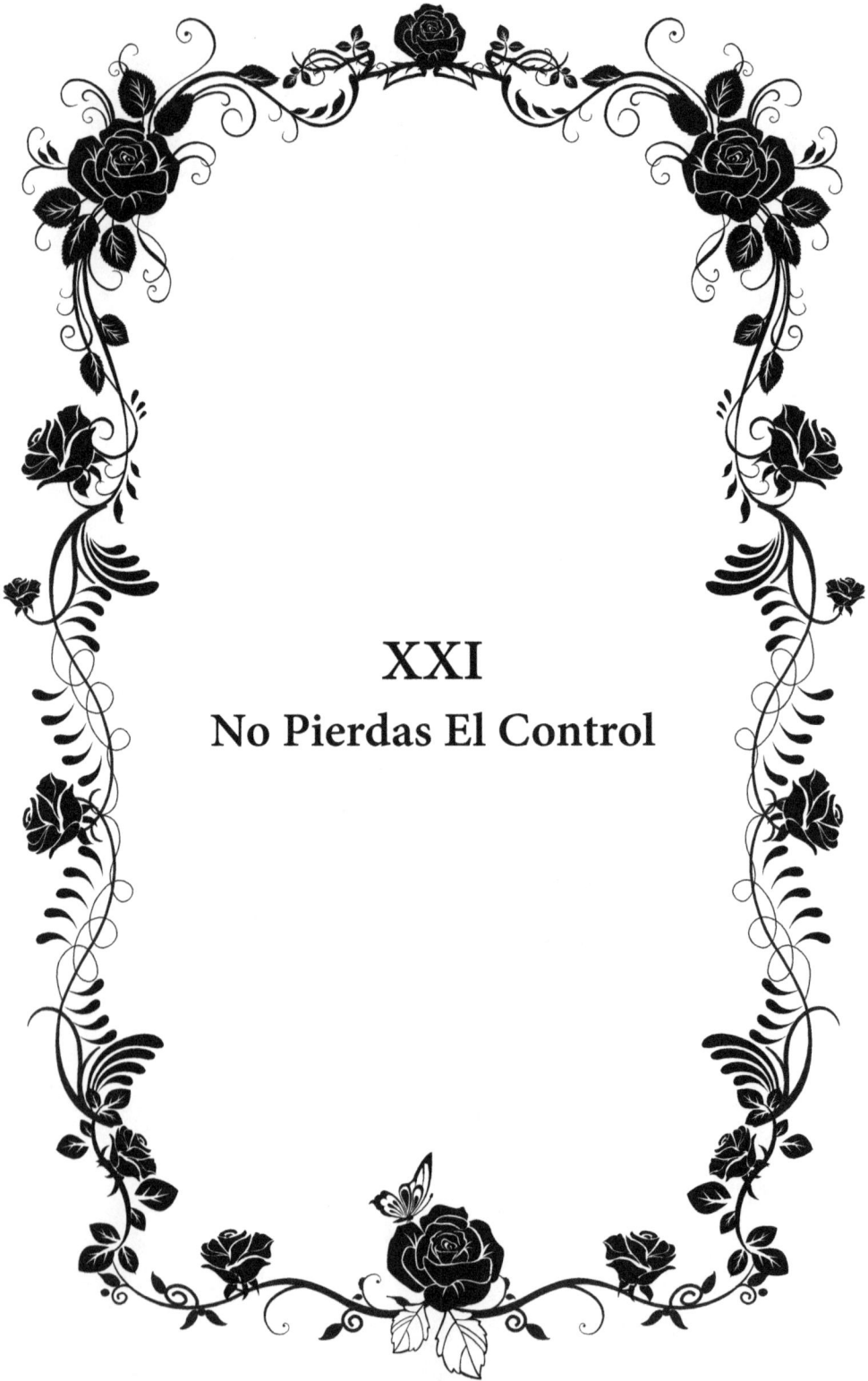

XXI
No Pierdas El Control

Aah...Este es la perdición
Que te llevará a la destrucción;
Porque si no tienes conciencia
Que es la que te lleva

Hacia la meta,
Entonces te llevará a la torpeza,
Y a la quiebra

No pierdas el control,
Eso trae mucho dolor,
Y mucho sufrimiento

Debes pensar relajado,
No alterado,
Debes tranquilizarte,
Y apaciguarte

Porque calmado
Se está serenado,
Y descansado

Así que no pierdas el control,
Eso trae dolor,
Y mucho sufrimiento

Relájate, relájate
Tranquilízate, tranquilízate
Serénate, serénate

Porque será la perdición
Que te llevará a la destrucción
Y no volverás a tener comunicación,

Apacíguate, apacíguate
Sonríe, sonríe
Que caerá felicidad,
Y mucha tranquilidad

A veces las cosas van mal
Y no eres el único en este mundo
Que lleva ese rumbo
Que a cada momento lo que haces y dices está mal

Así que no pierdas el control
Yo sé cómo se siente esta ira,
Todo es culpa de la maldita envidia
Que quiere ponernos hacer las cosas con desidia

Solo cálmate,
Y tranquilízate
No dejes llevarte por los demás pensamientos
De aquellas personas que son unos tormentos

No pierdas el control
Si ejecutas el siguiente paso
Será tu perdición
Y solo la ira te llenará de oscura maldición...

XXII
Incierto

No quiero llorar
No quiero gritar;
Las lágrimas salen
Y las desesperaciones caen...

Me siento incierto,
Porque todo es un tormento,
Un tormento de desespero
Un desespero secreto

Tan profundo,
Y tan oscuro
Que no sé qué hacer,
Ni que decir;

Siempre te nombro,
Pero te veo,
Y me escondo.

Te digo lo que siento
En mis sueños,
Pero en la realidad no lo intento,
Por temor a los pasados sufrimientos...

No quiero llorar,
Porque mis ojos arderán
No quiero gritar,
Porque mi garganta se secará

De pensar que me siento incierto
Inseguro;
Y dudoso

De lo que se aproxima;
Que me estima,
Y me anima
A la ilusión
De felicidad,
Y a la despreocupación
De tranquilidad

Porque al no sentir más inseguridad
Estaré contigo con mucha más comodidad...

XXIII
¡...No Volveré A Enamorarme...!

El día se muere,
Y recuerdo el primer encuentro que me hiere;
Durmiendo, puedo recordar que fue ayer,
Y dije frente al espejo ver

La verdad es más dolorosa,
Porque al recordarla, mi cabeza se pone temblorosa,
Siento que no soy nadie más,
Sino un estorbo más

Porque como nunca tuve a nadie,
A mi lado, entonces como saber si llegará ese alguien;
Es algo muy doloroso,
Debo esperar y rezar para sentirme más venturoso.

Solo puedo recordar dos recuerdos
El primero enamoramientos platónicos;
Sonrisas y más risas,
Pero eran puras cosas egoístas

El segundo, mis propias indecisiones
Alteraciones y fluctuaciones
Ante ella, pero al final me decidí
Y ante esta situación vi

Que ella le importa otra persona,
Que la ve hermosa;
Me lo dijo con toda su sinceridad,
Le dije que me diera una oportunidad

Pero al final; quedamos
Siendo solo y simples amigos;
Por gustarle otra persona
Que la ve hermosa...

Solo puedo pensar que todo esto fue una tontería
Que lo único que deseaba era una simple utopía
Gritaba adentro pensando que esto no sucedía,
Y que solo era una mentirosa fantasía
Dios mío, prometo que
¡...No volveré...a enamorarme...!
Y te prometo que
¡...No volveré...a ilusionarme...!

Solo llorando me voy,
Tristemente a mi cama dormir
Y con esta pena en donde estoy
Solo a un sueño grito dentro de mí no querer vivir

Esta fuerte pasión se fue
Como una marchitada flor
Y este amor tenue
Se apagó porque ya no siento en mí tu calor

Dios mío, prometo que
¡...No volveré...inconscientemente a enamorarme...!

www.ingramcontent.com/pod-product-compliance
Lightning Source LLC
Chambersburg PA
CBHW032208040426
42449CB00005B/491